Inhalt

Professionelles Fehlermanagement - Kann man damit einen 55,5 Milliarden Euro Rechenfehler vermeiden?

Kernthesen

Beitrag

Fallbeispiele

Weiterführende Literatur

Impressum

Professionelles Fehlermanagement - Kann man damit einen 55,5 Milliarden Euro Rechenfehler vermeiden?

Michaela Dengl

Kernthesen

- Wo Menschen arbeiten, kommt es zu Fehlern. Ein strategisches Fehlermanagement hilft, die negativen Auswirkungen organisatorisch zu kontrollieren.
- Um eine Fehlerkultur zu etablieren, gilt es Mitarbeiter dazu zu motivieren, auf

Missstände aufmerksam zu machen.
- Darüber hinaus braucht ein professionelles Fehlermanagement einen organisatorischen Rahmen, der zur Behebung dieser Missstände geeignet ist.
- Bei der FMS Wertmanagement, der Bad Bank der verstaatlichten Hypo Real Estate (HRE), hatte man Gewinne versehentlich als Verluste verbucht. Ein 55,5 Milliarden Euro Rechenfehler, der durch ein vernünftiges Fehlermanagement hätte verhindert werden können?

Beitrag

Der Erfolg asiatischer Unternehmen und insbesondere der in diesen Ländern gelebten Fehlerkultur führte in den letzten Jahren zu einer kritischen Überprüfung des westlichen Fehlerverständnisses. Während in westlichen Ländern in der Vergangenheit vor allem auf strikte Fehlervermeidung gesetzt wurde, gewinnen nun Begriffe wie Fehleroffenheit, Fehlertoleranz und Fehlerfreundlichkeit an Bedeutung und Fehlerstrategien werden als strategischer Wettbewerbsfaktor wahrgenommen. Nicht zuletzt haben sich die Risiken einer mangelhaften Fehlerkultur auch dadurch deutlich erhöht, weil via

Social Media der Gang an die Öffentlichkeit stark vereinfacht ist, wenn man unternehmensintern auf taube Ohren stößt. (9), (11)

Fehlermanagement und Fehlerkultur

Wo Menschen zusammenarbeiten, etabliert sich immer auch ein bestimmter Umgang mit Fehlern. Dadurch kristallisiert sich in jedem Unternehmen nach und nach eine bestimmte Fehlerkultur heraus. Das ist die Art und Weise, Fehler zu betrachten, zu bewerten und mit ihnen umzugehen. Das aus Unternehmenssicht optimale Verhalten beim Auftreten von Fehlern reicht von der Fehlervermeidung bis hin zur Fehlerfreundlichkeit. Um professionell mit Fehlern umzugehen, bedarf es jedoch nicht nur der individuellen Fehlerkompetenz des einzelnen Mitarbeiters, sondern auch eines definierten und etablierten Prozesses, damit die Mitarbeiter effizient und effektiv Fehler managen können. Noch wichtiger als der niedergeschriebene Prozess ist allerdings der gelebte. Dieser zeigt sich an der Fehlerkultur im Unternehmen. (8)

Die Begriffe Fehlerkultur und Fehlermanagement werden häufig synonym verwendet, müssen jedoch richtigerweise getrennt betrachtet werden.

Fehlermanagement ist eine strategische Entscheidung und bezeichnet die gezielte Steuerung von Aktivitäten im Umgang mit Fehlern. Es bezieht sich insbesondere auch auf das Einführen und Durchführen entsprechender Methoden. Fehlerkultur bezeichnet die Art und Weise, wie eine Organisation mit Fehlern, Fehlerrisiken und Fehlerfolgen umgeht. Die Begriffe Fehlermanagement und Fehlerkultur stehen dabei immer im Zusammenhang mit Qualitätsmanagement, Risikomanagement, Innovationsmanagement und Wissensmanagement, sollten aber getrennt von diesen betrachtet werden. Insbesondere mit dem Wissensmanagement gibt es funktional starke Überschneidungen, da es auch beim Wissensmanagement darauf ankommt, Erfahrungen einzelner für die Allgemeinheit nutzbar zu machen. Ein ähnliches Ziel wird letztlich mit Fehlermanagement verfolgt, wenngleich es hierbei um die schlechten Erfahrungen geht. Das Wissen um Fehler schützt zum einen vor Wiederholungsfehlern, zum anderen hilft es komplexere Zusammenhänge zu verstehen und richtig einzuordnen, so dass im Nachhinein das Richtige leichter vom Falschen unterschieden werden kann. Das setzt eine Fehlerkultur voraus, die mit Schwächen konstruktiv umgeht. Dabei geht es nicht nur darum Fehler zu akzeptieren, sondern die ideale Fehlerkultur ist durch eine konstruktive Verarbeitung der Fehler gekennzeichnet. (5), (7)

Einbettung in die Unternehmenssteuerung

Fehlerkultur und Fehlermanagement sind eher weiche Faktoren in der strategischen Unternehmenssteuerung, haben aber dennoch maßgeblichen und direkten Einfluss auf harte Faktoren wie Qualität, Innovationspotenzial, Produktivität sowie die Wettbewerbsfähigkeit einer Organisation. Es gilt als erwiesen, dass Unternehmen mit einem professionellen Fehlermanagement profitabler arbeiten. Das macht die Beschäftigung mit Fehlerkultur und Fehlermanagement für Wissenschaft und Praxis so wichtig. Die Installation von Fehleranalyseroutinen kann hier die Führungskräfte unterstützen. Damit Fehlentwicklungen frühzeitig erkannt und gegengesteuert werden kann, sind in diesem Zusammenhang oftmals klar definierte Messgrößen hilfreich. Kennzahlen aus dem Fehlermanagement können dann beispielsweise auch über die Prozessperspektive der Balanced Scorecard in die Unternehmenssteuerung integriert werden. (6)

Katastrophen kündigen sich durch kleine Anfangsfehler an

Große Katastrophen kommen normalerweise nicht plötzlich über ein Unternehmen. Oft läuft schon längere Zeit etwas schief, es bleibt nur unbemerkt. Dafür sind in erster Linie zwei Gründe verantwortlich. Zum einen erschwert die selektive Wahrnehmung Fehler als solche zu erkennen, zum anderen unterschätzen Verantwortliche oft auch dann noch ihre Bedeutung, wenn sie bereits entdeckt wurden. Es zählt jedoch zu den Kernkompetenzen einer wettbewerbsfähigen Organisation, ihre eigenen Schwächen zu erkennen und auszumerzen. Die Kosten einer funktionierenden Fehlerkultur sind vergleichsweise gering, der Nutzen ist jedoch im Prinzip unbezahlbar. (1)

Strategien um Beinahekatastrophen zu verhindern

Wie aktuelle Forschungsergebnisse zeigen, gibt es zur Vermeidung von großen Fehlern erstaunlich einfache Mittel. Wenn sich ein Unternehmen im Rahmen des Fehlermanagements an einige Regeln hält, könnte oftmals das Schlimmste verhindert werden:

- Zu starken Druck vermeiden:
Wenn Menschen unter Druck entscheiden müssen, dann nutzen sie verstärkt vereinfachende Heuristiken und neigen dazu, Dinge selektiv wahrzunehmen. Um aus diesem gedanklichen Tunnel auszubrechen, dürfen Führungskräfte gerade in hektischen Zeiten nicht zu viel Druck an die Mitarbeiter weitergeben.

- Fehler "normalisieren":
Die Installation von Fehlerroutinen hilft den Umgang mit Fehlern zu normalisieren und damit zu enttabuisieren. Dies muss nicht immer über einen formalisierten Prozess erfolgen, auch ein regelmäßiger Austausch in lockerer Runde kann dafür geeignet sein, den Informationsfluss zu verbessern und Fehler zeitnah zu lokalisieren.

- Abweichungen identifizieren:
Manager müssen stets wachsam bleiben, um relevante Abweichungen in den betrieblichen Prozessen zu erkennen und konsequent bewerten, und ob die damit verbundenen Risiken noch akzeptabel sind.
- Ursachen verstehen: Kommt es zu Abweichungen, wird oft lediglich an Symptomen herumkuriert anstatt die Ursachen zu bekämpfen. Hier müssen Manager dahin gehend trainiert werden,

Abweichungen und deren Umstände stärker zu hinterfragen. Wichtig ist es Verantwortung einzufordern und aufzufordern, Abweichungen und Beinahekatastrophen zu begründen. Im Fokus darf allerdings immer nur die Suche nach Ursachen und nicht nach Schuldigen liegen. - Worst-Case-Szenarien:
Manager müssen ausdrücklich dazu angehalten werden, sich mit Worst-Case-Szenarien von Fehlern zu beschäftigen, sich deren negativen Folgen zu verdeutlichen und gegebenenfalls sogar einen "Notfallplan" zu erstellen.

- Prozesse reflektieren:
Über Prozesse und Abläufe wird meist nur dann nachgedacht, wenn etwas schief läuft. Ist scheinbar alles in Ordnung, dann gibt es keinen Anlass zur weiteren Analyse. Regelmäßige formale Prüfungen ohne konkreten Anlass können hier Abhilfe schaffen und verhindern, dass "Beinaheunglücke" als Erfolg verbucht werden.

- Non-Blaming Culture:
Wichtig ist ein offener Umgang mit Fehlern. In vielen Unternehmen haben Mitarbeiter gute Gründe, Fehler zu verschweigen. Um das Stillschweigen und die Vertuschung von Fehlern zu verhindern, muss ihnen ein Anreiz für eine zügige Fehlermeldung geboten werden und die Gewissheit, dass sie nicht direkt oder indirekt bestraft werden. Wenn Sanktionen, dann

machen diese allenfalls für das Verschweigen von Fehlern Sinn. Fehler müssen enttabuisiert werden und Führungskräfte unter Umständen mit "gutem Beispiel" vorangehen, indem sie offen zu ihren eigenen Fehlern stehen. (1), (10)

Trends

Mehr Mut zu Fehlern

Was in vielen Unternehmen durch Fehlermanagement verhindert werden soll, ist in anderen inzwischen explizit erwünscht. Gerade dort wo Kreativität wichtig ist, nimmt im Gegenzug die Fehlertoleranz zu. Betroffen sind insbesondere Unternehmen, die sich erst eine bestimmte Position am Markt erarbeiten müssen. Sie setzen stärker auf Kreativität, um einen Wettbewerbsvorteil gegenüber den etablierten Unternehmen zu erlangen. Gleichzeitig sind sie in der Regel auch fehlertoleranter, da dies nun mal häufig der Preis für eine innovationsfreudige Unternehmenskultur ist. Der indische Autobauer Tata zeichnet beispielsweise einmal jährlich den größten Flop mit dem Preis "Dare to try" aus. Auf diese Weise werden Mitarbeiter angespornt, das Unternehmen immer wieder mit neuen Ideen nach vorne zu bringen. (4)

Fallbeispiele

Der 55,5 Milliarden Euro Rechenfehler

Ein Rechenfehler, der durch ein professionelles Fehlermanagement hätte verhindert werden können: Bei der FMS Wertmanagement (FMSW), der Bad Bank der verstaatlichten Hypo Real Estate (HRE) hatte man verschiedene Gewinne als Verluste verbucht, indem unter anderem die Verrechnung von Forderungen und Verbindlichkeiten aus Derivategeschäften gegenüber demselben Vertragspartner unterblieben ist. Nun ist das Vertauschen von Plus und Minus ein häufiger Alltagsirrtum, aber gerade in der Finanzbranche gibt es hier eigentlich wenig Toleranz und sollte durch automatische Plausibilitätskontrollen verhinderbar sein. Mögliche Erklärungen finden sich im HRE-Jahresbericht, gab es darin doch den Hinweis, dass sich "hohe operationelle Risiken insbesondere aus der hohen Anzahl von manuellen Geschäftserfassungen" ergeben. Wichtige Informationen wurden also per Hand erfasst, was die Fehleranfälligkeit natürlich erhöht. Darüber hinaus wurde auf die "hohe Abhängigkeit von Know-how von Schlüsselpersonen" hingewiesen. Diese Schlüsselpersonen fehlten dann wohl aufgrund der hohen Fluktuationsrate. Wenngleich dem Steuerzahler kein Schaden aus diesem Fehler entsteht, ist der politische Schaden für Bundesfinanzminister Schäuble kaum noch zu begrenzen. Letztlich haben auch seine Kontrollmechanismen versagt, wenn solch eklatante Fehler nicht frühzeitig entdeckt werden. Die Verantwortung für den Fehler hat bisher niemand übernommen. Eine vernünftige Erklärung ist man der Öffentlichkeit bisher schuldig geblieben. Ebenso unklar ist, ob Maßnahmen ergriffen werden, damit so etwas nicht noch einmal passieren kann. (3)

Anonymes IRS hilft der Luftfahrtbranche Fehler vermeiden

Für Fluggesellschaften und luftfahrttechnische Betriebe sind schon seit Jahrzehnten anonyme Fehlerreporting- und Analysetools (IRS - Incident Reporting System) gesetzlich vorgeschrieben, um betriebliche Fehler und Risiken systematisch aufzudecken und zu minimieren. Dieses professionelle Fehlermanagement gilt als wichtiger Beitrag, um das hohe Vertrauen in die Qualitätssysteme der Luftfahrtbranche aufrechtzuerhalten. Ein IRS ist durch strikte Anonymität und Nicht-Bestrafung gekennzeichnet, damit nicht nur Lappalien oder offensichtliche Vorkommnisse gemeldet werden. Gleichzeitig hilft es, zeitnah wichtige qualitäts- und kostenrelevante Vorkommnisse innerhalb der Wertschöpfungskette aufzudecken. (8)

Plattform Patientensicherheit setzt sich für anonymes Meldesystem ein

Die moderne Medizin ist nicht zuletzt aufgrund ihrer Komplexität durchaus stör- und fehleranfällig. Die österreichische Plattform Patientensicherheit ist ein Netzwerk, das einen Kulturwandel im Umgang mit Fehlern und Sicherheit im Gesundheitswesen etablieren will. Gerade im Gesundheitsbereich wird die Einführung eines anonymen Meldesystems wie etwa CIRS (Critical Incident Reporting Systeme) als essentiell wichtig angesehen. Fehler können passieren, doch aus Fehlern sollte man lernen. Deshalb setzt sich www.plattformpatientensicherheit.at dafür ein, dass kein vermeidbarer Fehler ein zweites Mal passiert. (10)

"Operationelle Risiken" in der

Finanzbranche als Vorbild?

Aufgrund des hohen Automatisierungsgrades in der Finanzbranche können sich bereits kleine Fehler heftig auswirken. Entsprechend sensibilisiert sind mittlerweile sowohl die Akteure wie auch die Regulierungsbehörden. Im Rahmen von Basel II hat die Aufsicht erstmals den Begriff des "operationellen Risikos" definiert als die "Gefahr von Verlusten, die in Folge der Unangemessenheit oder des Versagens von internen Verfahren, Menschen und Systemen oder in Folge von externen Ereignissen" eintreten können. Um diesen operationellen Risiken angemessen zu begegnen, müssen Schadensfallstatistiken erstellt und laufend gepflegt werden. Unternehmen der Finanzbranche sind angehalten einen von drei Ansätzen zu wählen, um ihre operationellen Risiken zu messen: Basisansatz, Standard-Indikator-Ansatz oder fortgeschrittener Messansatz. Je aufwändiger der Ansatz zur Messung und Steuerung operationeller Risiken desto weniger Fehler dürfen statistisch gesehen auftreten. Darüber hinaus sind die so gemessenen Risiken mit Kapital zu unterlegen, was einen unmittelbaren Anreiz schafft, eine möglichst genaue Messung darzustellen. Keine andere Branche verfügt derzeit über ein so detailliert vorgezeichnetes Fehlermanagement, das vollständig in der Unternehmenssteuerung integriert ist, wie die Finanzbranche. Ein mögliches Vorbild für andere

Branchen? (2)

Weiterführende Literatur

(1) So vermeiden Sie Katastrophen / In der Regel kündigen zahlreiche kleine Fehler ein großes Unglück an. Wer auf diese "Beinahekatastrophen" achtet, kann Krisen vorhersehen und ihr Entstehen vermeiden. Eine Anleitung.
aus Gesetzgebungskalender Heft 10/2011

(2) Mehr OpRisk-Bewusstsein, bitte!
aus RISIKO MANAGER Nr. 22 vom 27.10.2011

(3) Bankirrtum zu Ihren Gunsten
aus Welt kompakt Nr. 211 vom 31.10.2011 Seite 2

(4) Auch Flops müssen erlaubt sein
aus Kurier (Österreich) vom 08.10.2011, Seite K48

(5) International & interkulturell: Herausforderungen für ein globales Wissensmanagement
aus Kurier (Österreich) vom 08.10.2011, Seite K48

(6) Mit Prozessen steuern von Frank Ahlrichs, Olaf Stuka und Rainer Vieregge
aus CONTROLLER Magazin, Heft 6/2011, S. 53-59

(7) Was ist ... Negatives Wissen?
aus CONTROLLER Magazin, Heft 6/2011, S. 53-59

(8) Anonyme Fehlerreports- und

AnalysesystemeNachhaltige Qualitätsverbesserung in der Luftfahrtbranche
aus Industrie Management, Nr. 4, 2011, 69-72

(9) Laufen lernt man durch Hinfallen
aus Spiegel Online, 19.09.2011

(10) Kein vermeidbarer Fehler darf ein zweites Mal passieren
aus Kurier (Österreich) vom 28.09.2011, Seite 2

(11) Unternehmenskommunikation - Digitale Revolution stellt Kommunikationsexperten vor neue Herausforderungen
aus GENIOS WirtschaftsWissen Nr. 08 vom 05.08.2011

Impressum

Professionelles Fehlermanagement - Kann man damit einen 55,5 Milliarden Euro Rechenfehler vermeiden?

Bibliografische Information der deutschen Nationalbibliothek

Die Deutsche Nationalbibliothek verzeichnet diese Publikation in der deutschen Nationalbibliografie; detaillierte bibliografische Daten sind im Internet über http://dnb.d-nb.de abrufbar.

ISBN: 978-3-7379-1281-5

© 2015 GBI-Genios Deutsche Wirtschaftsdatenbank GmbH, Freischützstraße 96, 81927 München, www.genios.de

Alle Rechte vorbehalten. Dieses Werk ist einschließlich aller seiner Teile – z.B. Texte, Tabellen und Grafiken - urheberrechtlich geschützt. Jede Verwertung außerhalb der Grenzen des Urheberrechtsgesetzes bedarf der vorherigen Zustimmung des Verlags. Dies gilt insbesondere auch für auszugsweise Nachdrucke, fotomechanische Vervielfältigungen (Fotokopie/Mikroskopie), Übersetzungen, Auswertungen durch Datenbanken oder ähnliche Einrichtungen und die Einspeicherung und Verarbeitung in elektronischen Systemen.